AF360424

ATLAS.

TRAITÉ PRATIQUE ET COMPLET

DE

TOUS LES MESURAGES, MÉTRAGES, JAUGEAGES DE TOUS LES CORPS,

Appliqué aux Arts, aux Métiers, à l'Industrie, aux Constructions, à la Charpenterie,
aux Travaux hydrauliques, aux Nivellements pour construction de routes,
de canaux, de chemins de fer, drainage, etc.

ENFIN A LA RÉDACTION DE PROJETS DE TOUTE ESPÈCE DE TRAVAUX DU RESSORT DE L'ARCHITECTURE,
DU GÉNIE CIVIL ET MILITAIRE,

Terminé par une Analyse et Série de prix de 650 articles avec détails sur la nature, la qualité, la façon et la mise en œuvre des matériaux,

PAR **E. SERGENT**, INGÉNIEUR CIVIL.

A LAON,
Chez A. OYON, Imprimeur-Libraire, rue du Bourg, 15.

A PARIS,
Chez l'AUTEUR, rue du Transit, 33 (Petit-Montrouge).

1857.

Laon. — Imp. A. Oyon.

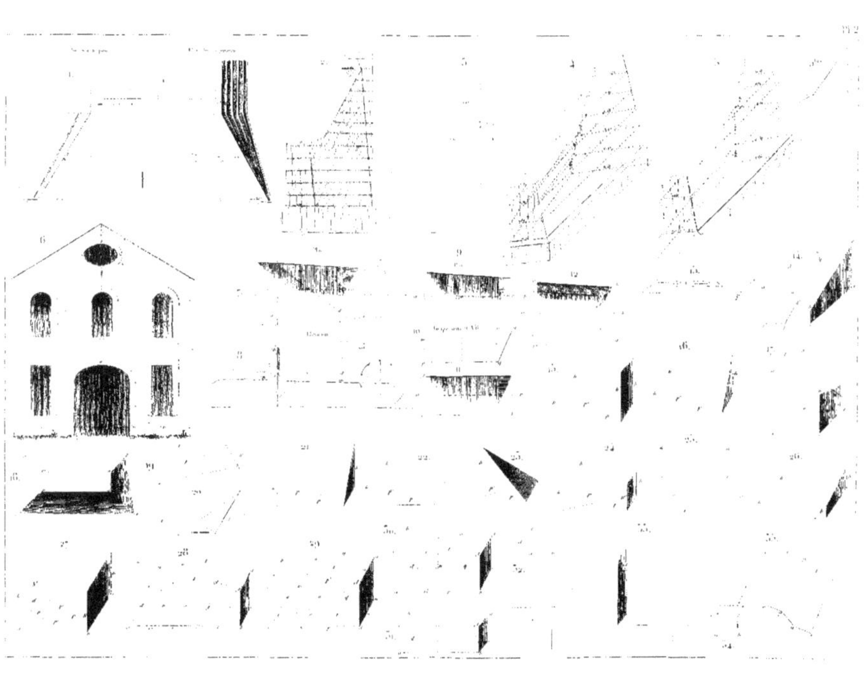

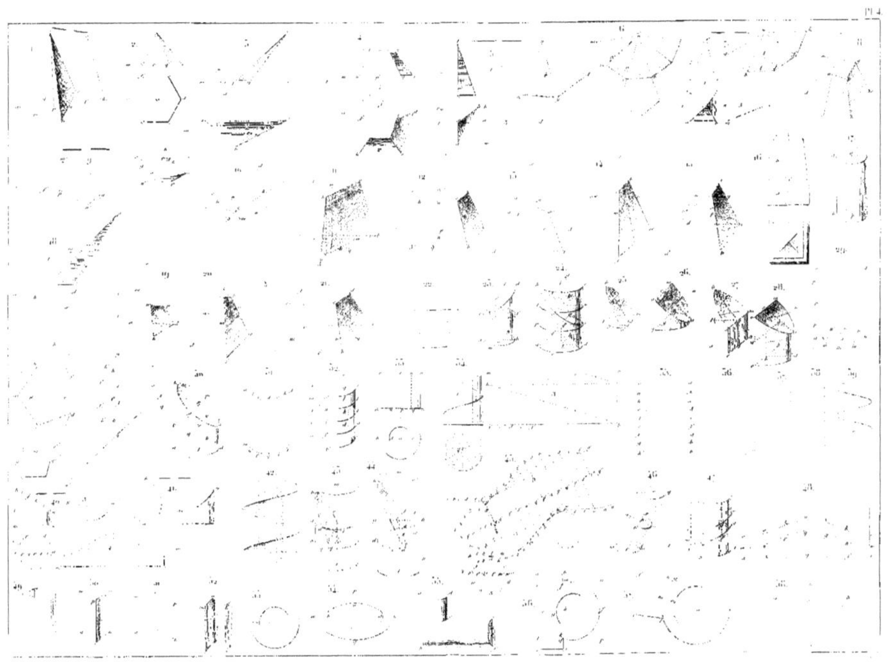

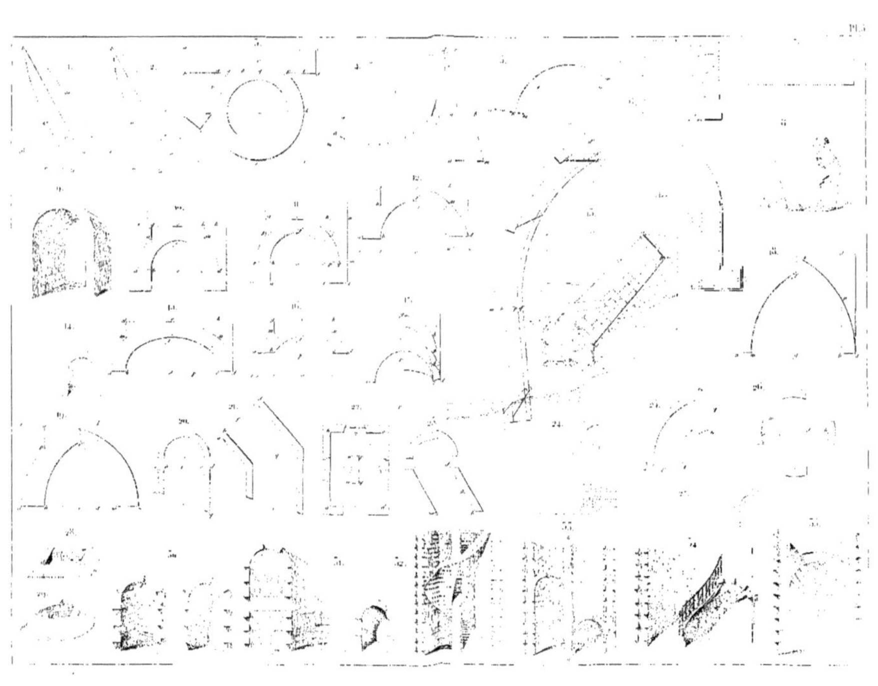

Plan général
Coupe sur la ligne
Plan complet

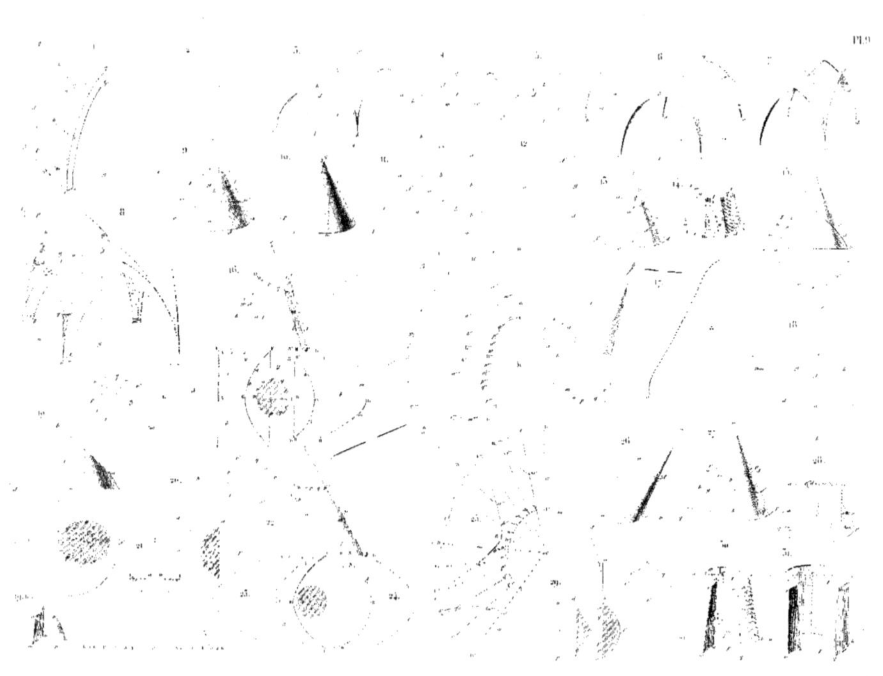
Pl.9

BORNE

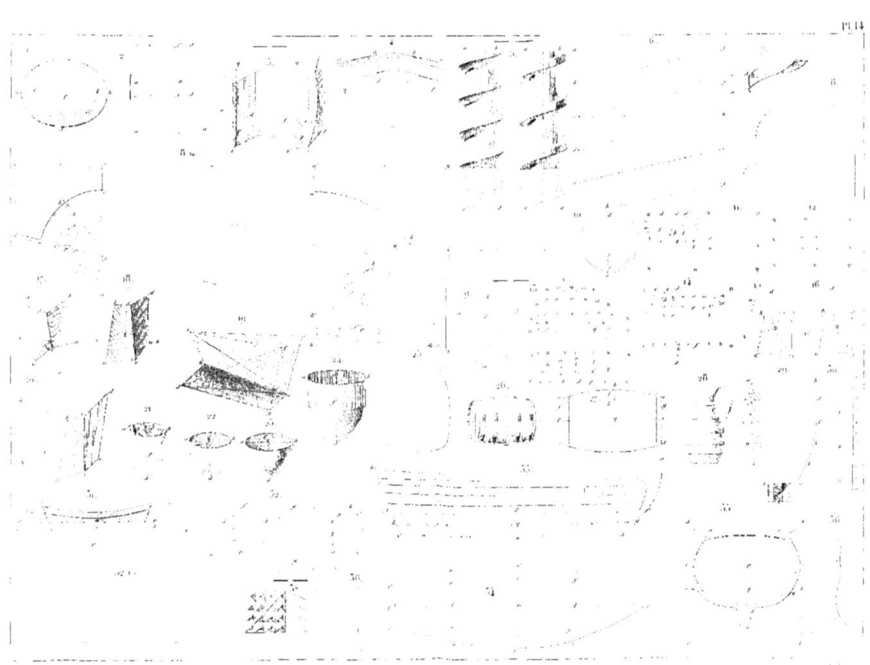

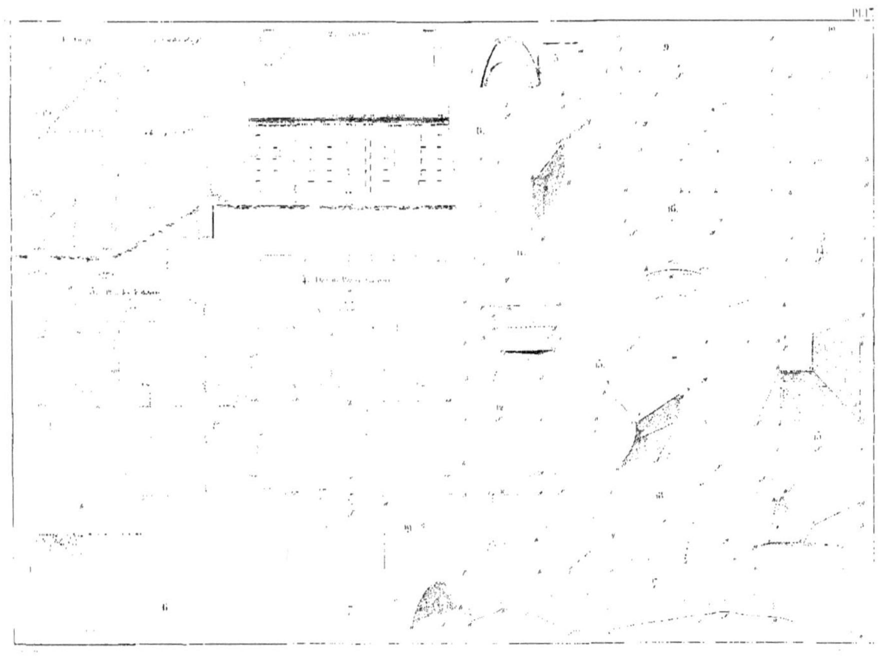